Angelika Kipp

Guck mal, wer da guckt!

Fensterbilder aus Tonkarton

frechverlag

VON DER BEKANNTEN AUTORIN ANGELIKA KIPP SIND IM FRECHVERLAG ZAHLREICHE ANDERE TITEL ERSCHIENEN. HIER EINE AUSWAHL:

TOPP 1780

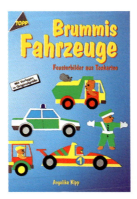

TOPP 1812

TOPP 1919

TOPP 1832

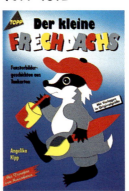

TOPP 2071

TOPP 2133

Zeichnungen: Berthold Kipp
Fotos: frechverlag GmbH + Co. Druck KG, 70499 Stuttgart; Fotostudio Ullrich & Co., Renningen

Materialangaben und Arbeitshinweise in diesem Buch wurden von der Autorin und den Mitarbeitern des Verlags sorgfältig geprüft. Eine Garantie wird jedoch nicht übernommen. Autorin und Verlag können für eventuell auftretende Fehler oder Schäden nicht haftbar gemacht werden. Das Werk und die darin gezeigten Modelle sind urheberrechtlich geschützt. Die Vervielfältigung und Verbreitung ist, außer für private, nicht kommerzielle Zwecke, untersagt und wird zivil- und strafrechtlich verfolgt. Dies gilt insbesondere für eine Verbreitung des Werkes durch Film, Funk und Fernsehen, Fotokopien oder Videoaufzeichnungen sowie für eine gewerbliche Nutzung der gezeigten Modelle.

Auflage: 5.   4.   3.   2.   1. | Letzte Zahlen
Jahr: 2000 1999 98 97 96 | maßgebend

© 1996

frechverlag GmbH + Co. Druck KG, 70499 Stuttgart
Druck: frechverlag GmbH + Co. Druck KG, 70499 Stuttgart

ISBN 3-7724-2164-4 · Best.-Nr. 2164

JA, DA GUCK HIN!

Wer guckt denn da aus Ihrem Fenster heraus? Fröhlich lachende Clowns, gemütliche Kühe, lustige Raupen, freche Äffchen oder vielleicht sogar die kleinen, grünen Marsianer? Auf jeden Fall gibt's nicht nur für Sie, sondern auch für alle Passanten etwas zu schmunzeln, wenn sie an Ihrem Haus vorbeigehen – denn wenn man sich von solch netten Gesellen beobachtet fühlt ...!

Die Fensterbilder dieses Buches sind einfach ein bißchen anders: Bei jeder Szene gibt es eine neugierige Hauptperson, die ins Haus hinein- und aus dem Haus herausschaut. Deshalb wirken die Motive erst so richtig, wenn sie beidseitig gearbeitet sind. Schließlich soll ja auch Ihr Nachbar wissen, daß es bei Ihnen was zum Gucken gibt.

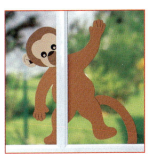

Und wenn die Feuerwehr anrückt, um den entlaufenen Affen wieder einzufangen, der an Ihrem Fenster entlanghangelt, dann wissen Sie endgültig, daß Ihre außergewöhnliche Fensterdekoration zum Hingucken verführt hat!

Viel Spaß beim Basteln und Gucken!
Ihre
     Angelika Kipp

ARBEITSMATERIAL

- ✘ Tonkarton
  (verschiedene Farben)
- ✘ Dünne Pappe
- ✘ Transparentpapier
- ✘ Schwarzer Filzstift
- ✘ Bleistift
- ✘ Schere
- ✘ Bastelmesser
- ✘ Schneideunterlage
- ✘ Lineal
- ✘ Kreisschneider
- ✘ Evtl. Kreisschablone
  (für die Augen)
- ✘ Klebstoff
- ✘ Radiergummi
- ✘ Locher
- ✘ Klebeband zum An-
  heften
- ✘ Bilderrahmen

TIPS UND TRICKS

Gestaltung des Motivs von der Vorder- und Rückseite

Diese fröhlichen Fensterbilder sollten sowohl von der Vorder- als auch von der Rückseite gearbeitet werden; hierzu benötigen Sie die meisten Teile in doppelter Ausführung. Die Teile werden auf der Rückseite nur spiegelverkehrt, aber in der gleichen Reihenfolge wie auf der Vorderseite angeordnet.

Deckungsgleiches Kleben und Aufmalen

Die Rückseite sollte absolut deckungsgleich geklebt und gezeichnet werden, da heller Tonkarton durchscheint.

Stellen Sie dazu die Vorderseite des Motivs komplett zusammen, dann drücken Sie die Bastelarbeit bei Tageslicht mit der bereits fertigen Seite gegen eine Fensterscheibe. Die nun durchscheinenden Ränder zeigen genau, wo auf der Rückseite Teile aufgeklebt oder Linien aufgemalt werden müssen.

Aufhängung

Diese Fensterbilder wirken besonders hübsch, wenn sie nicht frei im Raum hängen, sondern direkt am Fenster kleben; verwenden Sie hierfür am besten Klebestreifen.

Und noch ein wichtiger Tip:

Wenn Ihr Fensterbild durch eine Fenstersprosse getrennt werden soll, orientieren Sie sich an den gestrichelten Linien auf der jeweiligen Vorlage: Hier tragen Sie die Breite der Sprosse ab, schneiden dieses Teil vom Fensterbild weg und kleben die restliche Figur dann neben der Sprosse auf – so wird gewährleistet, daß das Motiv die richtigen Proportionen behält, egal wie breit Ihre Fenstersprosse ist.

SCHRITT FÜR SCHRITT ERKLÄRT

1 Legen Sie Transparentpapier auf das ausgewählte Motiv auf dem Vorlagenbogen, und übertragen Sie die benötigten Einzelteile ohne Überschneidungen.

2 Kleben Sie das bemalte Transparentpapier auf eine dünne Pappe, und schneiden Sie die Einzelteile heraus. Fertig sind die Schablonen! Mit Hilfe dieser Schablonen arbeiten Sie die benötigten Einzelteile, indem Sie sie einfach auf Tonkarton der gewünschten Farbe legen, mit einem Bleistift umfahren und dann die einzelnen Teile ausschneiden.

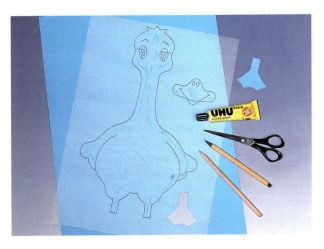

3 Für die schwarz markierten Stellen benötigen Sie einen Filzstift. Fügen Sie jeweils die Einzelteile zum gewünschten Motiv zusammen – das Foto gibt Positionierungshilfen.

5

REIHER AM WEIHER

Für diese langhalsigen Gesellen benötigen Sie einen schwarzen Filzstift, um alle markierten Stellen sowie alle Innenlinien (siehe Vorlagenbogen) aufzuzeichnen. Dann erhalten die Vögel nur noch die Schnäbel und die langen Beine.

Geben Sie der Giraffe alle schwarz markierten Stellen sowie alle Innenlinien (siehe Vorlagenbogen). Plazieren Sie anschließend die typischen Fellflecken auf dem Kopf- und dem Beinteil, die Mähne, das Ohrenpaar - ein Ohr von vorne, ein Ohr von hinten - und die Hornenden. Mit der Zunge kann die vorbeiziehende Giraffe vielleicht ein wenig am Fensterglas lecken.

Diese kleinen Fremdlinge sind besonders neugierig! Und damit sie in die Wohnung eines Erdenbürgers schauen können, zeichnen Sie ihnen zuerst einmal alle schwarz markierten Stellen sowie die Innenlinien auf.
Die Augen, die rote Zunge und die eigenartigen gelben Fühlerteile geben den Marsmännchen ihr typisches Aussehen.
Je nachdem, wo Sie die grünen Männchen plazieren wollen, schneiden Sie bei der Grundform an der gepunkteten oder an der Punkt-Strich-Linie entlang.

Auf das Ufo kleben Sie die gelbe Glaskuppel und die Lichter; die zweiteiligen Ständer sind jeweils von hinten ergänzt.

Vielleicht wird von diesem Phänomen morgen etwas in Ihrer Tageszeitung stehen – schließlich haben es ja alle Passanten gesehen!

HEY, WO SIND WIR NUN GELANDET?!?

Die beiden bekommen zuerst ihre Pupillen und die Nasenöffnungen aufgemalt. Das Kopfteil erhält das Augenpaar und den Schnabel, der Körper die Krallen.
Stellen Sie dann einen 8 cm breiten roten Tonkartonstreifen her – die Länge hängt von Ihrer Fensterbreite ab. Plazieren Sie die Flügel und das fertige Kopfteil darauf, das Körperteil mit den Krallen wird von hinten am roten Balken fixiert.

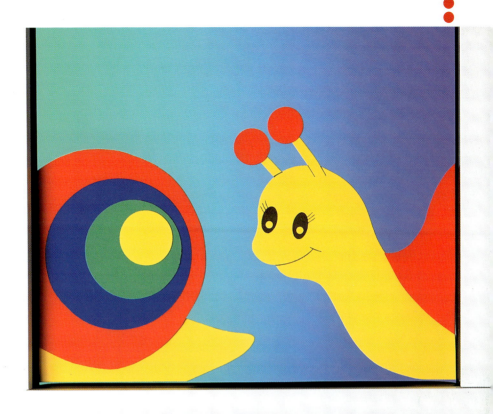

WOHIN DES WEGES?

Für die Augen und alle Innenlinien (siehe Vorlagenbogen) benötigen Sie einen schwarzen Filzstift. Fügen

Sie das vierteilige bunte Haus zusammen, und plazieren Sie es auf dem Körper. Nun fehlen jeweils nur noch die Fühlerenden, und die Schnecken sind fertig. Auf dem Vorlagenbogen finden Sie auf der Schnecke eine senkrechte, gestrichelte Linie. Schneiden Sie hier entlang, erhalten Sie das rechte und das linke Schneckenteil.
Wenn Sie die Schnecke links und rechts von einer Fensterleiste plazieren wollen (siehe kleines Foto), schneiden Sie ebenfalls an der gestrichelten Linie entlang. Messen Sie nun die Breite Ihrer Fensterleiste ab, und verkleinern Sie Ihr Motiv entsprechend, so daß die Proportionen erhalten bleiben.

GUCK MAL!

Lachender Clown

Der Witzbold will zuerst alle Innenlinien. Fixieren Sie das Augen- sowie das Augenbrauenpaar auf der Kopfform, dann ergänzen Sie das weiße Mundteil mit der aufgeklebten roten Zunge. Geben Sie dem lustigen Gesellen anschließend seine typische Nase. Der dreiteilige Hut wird von vorn, das wuschelige Haar von hinten ergänzt.
Kleben Sie zum Schluß noch bunte Punkte auf den Anzug, wobei überstehende Teile mit der Schere angeglichen werden.

Ein Clown, der sich nicht traut

Basteln Sie diesen Gesellen wie seinen lachenden Kollegen. Allerdings arbeiten Sie die benötigten Teile nur bis zur gepunkteten Linie (siehe Vorlagenbogen).

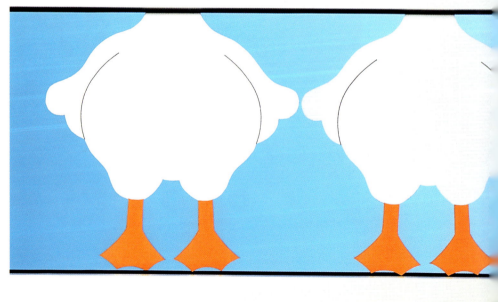

NEUGIERIGE SCHNATTER-GÄNSE

Bevor Sie hier mit dem Basteln beginnen, müssen Sie das Motiv der Größe Ihres Fensters anpassen: Die Sprosse sollte stets im Halsbereich der Gänse liegen!
Zeichnen Sie alle schwarz markierten Flächen und alle Innenlinien (siehe Vorlagenbogen) auf; dann erhalten die Schnattergänse von vorne ihren Schnabel und die Watschelbeine. Gibt's da bei Ihnen was zu sehen?

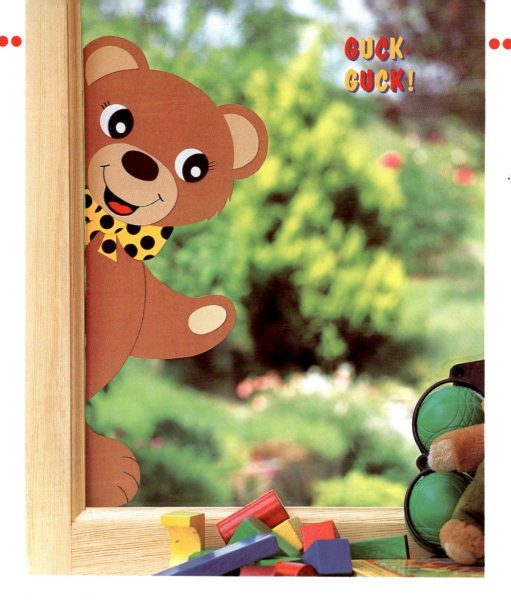

Der lustige Bär bekommt alle schwarz markierten Stellen sowie die Innenlinien (siehe Vorlagenbogen).
Fixieren Sie die Innenohren, das Augenpaar sowie die dreiteilige Schnauze auf dem Kopfteil. Dann wird der Teddy mit seiner zweiteiligen, gepunkteten Schleife geschmückt.
Fügen Sie das Kopf- und das Bauchteil zusammen, und dann kann der nette Brummbär durchs Fenster in Ihre Wohnung schauen; sein Fuß ist übrigens nur teilweise zu sehen. Guck-guck!

GIBT ES HIER EIN GEMÜTLICHES PLÄTZCHEN?

Die Augen und alle Innenlinien (siehe Vorlagenbogen) sind zuerst an der Reihe, wobei die Schnurrbarthaare erst zum Schluß ergänzt werden. Fixieren Sie das zusammengefügte Schnäuzchenteil, das Augenpaar und die Innenohren sowie das weiße Bauchfell und die dunkelgrauen Fellmuster. Mit den Pfötchen stützt sich Mieze auf Ihren Fenstersims. Um Ihnen und natürlich auch Ihrem Nachbarn zu gefallen, hat sie sich noch mit einer hübschen Schleife geschmückt.

"EIN ÄUSSERST UNGEWÖHNLICHER GAST!

Für das Auge mit den Wimpern und für die Nasenöffnung benötigen Sie einen schwarzen Stift. Fixieren Sie von hinten die Zähne und die hervorschnellende Zunge. Die einzelnen Körperteile werden mit Punkten verziert; hier arbeiten Sie am besten mit einem Kreisschneider. Überstehende Kreise gleichen Sie mit der Schere an.

18

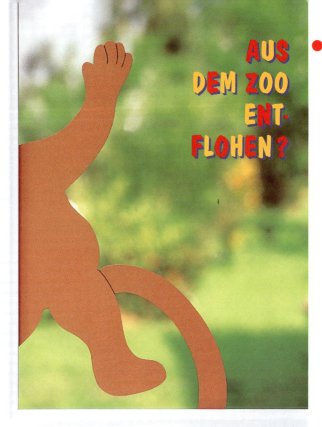

AUS DEM ZOO ENT- FLOHEN?

Auch hier gibt's zuerst aufgemalte Innenlinien und das Gesicht. Die Ohren des wagemutigen Klettergesellen werden von hinten, das zweiteilige Gesicht wird von vorn an die Kopfform geklebt. Nun fügen Sie den Kopf mit dem Körper zusammen. Schneiden Sie entlang der senkrecht gestrichelten Linie (siehe Vorlagenbogen), und kleben Sie das Körperteil mit dem Gesicht links neben die Fenstersprosse. Messen Sie die Breite der Sprosse, und schneiden Sie genauso viel vom restlichen Körper des lustigen Äffchens ab, den Sie anschließend rechts neben der Sprosse befestigen. Bei dem Schwänzchen verfahren Sie genauso, nur daß es von oben und von unten an die Sprosse geklebt wird.

EIN VOGELPÄRCHEN

Zeichnen Sie den beiden gefiederten Fenster-Gästen jeweils die Augen und den Schnabelstrich auf. Ergänzen Sie den Schnabel und das Flügelpaar.
Dann schneiden Sie entlang der waagrecht gestrichelten Linie Ihr Fensterbild durch. Messen Sie die Breite Ihrer Fensterleiste, und kürzen Sie den oberen Teil der Schwanzfeder um dieses Maß.

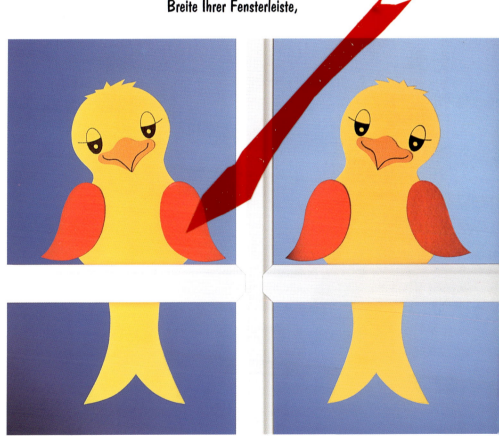

Ins Fenster blickende Kuh

Bevor Kuh Lotte einen Blick in Ihre Wohnung werfen kann, benötigt sie die Augen und das Maul. Fixieren Sie das Hörnerpaar, das schwarze Stirnteil, die Innenohren und die schwarzen Fellflecken auf dem Körper. Das rosa Maulteil bekommt die Nasenöffnungen aufgeklebt und wird auch auf dem Körper plaziert.

Vorbeiziehende Kuh

Diese Kuh braucht ebenfalls ihre Fellflecken und den zweiteiligen Schwanz.

23

EIN BUNTER HARLEKIN

Zeichnen Sie dem lustigen kleinen Mann das Gesicht auf. Auf dem Kopf trägt er eine vierteilige Mütze. Der Anzug wird mit vielen bunten Punkten – arbeiten Sie hier am besten mit einem Locher – und einem gelben Spitzenkragen dekoriert. Das Kopfteil wird <u>auf</u>, die Händchen und die zweiteiligen Schuhe werden <u>unter</u> dem Anzug fixiert.

Damit der Harlekin hinter Ihrer Fensterleiste hervorschauen kann, schneiden Sie ihn entlang der senkrecht gestrichelten Linie (siehe Vorlagenbogen) durch. Kleben Sie den einen Teil des Clowns links neben die Fensterleiste. Dann messen Sie die Breite dieser Leiste ab und schneiden dieses Maß vom angrenzenden Rückenteil ab, damit die Proportionen des lustigen Gesellen stimmen.

BESUCH VON OBEN

Für alle schwarz markierten Stellen sowie für die Innenlinien (siehe Vorlagenbogen) ist ein schwarzer Stift gefragt. Plazieren Sie die Hand und die Füße unter dem entsprechenden Kleidungsstück, und fügen Sie Jacke und Hose zusammen. Den rechten Arm und das fertiggearbeitete Kopfteil samt Haaren fixieren Sie auf der Jacke, und dann kann sich der sportliche junge Mann am Seil festhalten.

Schneiden Sie an der gestrichelten, waagrechten Linie entlang, so daß das Seil getrennt wird, und setzen Sie nun die beiden Teile von unten bzw. von oben gegen die Sprosse.

EINE WOHLGENÄHRTE RAUPE

Die immerhungrige Raupe braucht ständig etwas zu essen und auch ihr aufgemaltes Gesicht. Plazieren Sie das gelbe Rückenteil auf dem Körper, und dekorieren Sie es mit bunten Punkten. Der aufgeklebte Kopf erhält die Nase, die Fühlerenden werden von vorne ergänzt. Trennen Sie die Raupe entlang der senkrechten, gestrichelten Linie (siehe Vorlagenbogen). Messen Sie die Breite Ihrer Fensterleiste, und schneiden Sie diese vom hinteren Körperteil ab, damit sich die Proportionen der Raupe nicht verändern.

ZU LANGSAM GEGUCKT ...

Wußten Sie schon, daß Ihre Wohnung direkt an einer Hexenflugschneise liegt? Fügen Sie den dreiteiligen Pantoffel zusammen, in den die Hexe dann von hinten mit ihrem zweiteiligen Strumpf schlüpfen kann. Das Bein sowie der zusammengefügte Besen werden unter dem flickenbesetzten Rockteil positioniert. Nun brauchen nur noch die Flickennähte aufgemalt zu werden, und schon kann der Flugbetrieb beginnen. Aber wer zu langsam guckt, der bekommt eben nicht alles mit ...!

DIE PASSENDE GELEGENHEIT!

Zeichnen Sie dem kleinen Räuber sein Gesicht und alle Innenlinien (siehe Vorlagenbogen) auf; zusätzlich darf natürlich ein Stoppelbart nicht fehlen. Dann erhält er seine Frisur und die typische Ganovenmütze mit der entsprechenden Nummer. Das Gesicht wird hinter das Gitter geklebt, erst dann folgt der gelbe Hintergrund. Die Hände liegen auf dem Fenstersims. Auf dem linken Bild ist das Gitter des Fensters noch vollständig; rote Steine geben dem Gefängnisfenster etwas Farbe.

Auf der rechten Abbildung hat der kleine Gauner bereits einige Stäbe still und leise mit einer Säge zerlegt - einen Gitterstab hält er in der rechten Hand. Dann sind noch grauer Karton und ein Rahmen gefragt (30 cm x 40 cm).

HALLO, ICH FLIEGE!

Wenn man an Ihrem Fenster in die Lüfte entschweben will, braucht man alle schwarz markierten Stellen (siehe Vorlagenbogen). Die Flicken werden auf die Hose geklebt. Die Schuhe mit den Strümpfen, die rechte Hand sowie die linke Handfläche und der Hals werden jeweils unter dem entsprechenden Kleidungsstück fixiert. Fügen Sie die Hose und die Jacke zusammen. Das Gesicht wird auf dem Haarteil und dieses dann auf der Jacke befestigt. Geben Sie dem Knirps die Ballons mit den Bändern zwischen die Handteile der linken Hand.

Dann schneiden Sie die senkrecht verlaufende, gestrichelte Linie nach (siehe Vorlagenbogen). Plazieren Sie das so entstandene linke Teil des Fensterbildes an der Fensterleiste. Messen Sie die Breite der Leiste, und schneiden Sie den entsprechenden Streifen von dem verbleibenden Fensterbild ab, damit die Proportionen stimmen.

Ein neugieriger Mümmelmann

Der Mümmelmann bekommt zuerst sein neugieriges Gesicht. Sind die Innenohren ergänzt, werden das munter dreinblickende Köpfchen sowie der linke Arm und das Schwänzchen auf den Körper gesetzt. Der rechte Arm wird von hinten ergänzt. Damit der Hoppelmann hinter Ihrer Fensterleiste hervorschauen kann, schneiden Sie an der gestrichelten, senkrechten Linie (siehe Vorlagenbogen) entlang. Das vordere Teil des Häschens wird links neben die Leiste geklebt. Messen Sie die Breite der Fensterleiste ab, und schneiden Sie dieses Maß vom Körper weg – so bleiben die Proportionen des Häschens erhalten!

AUF WANDERSCHAFT

Bevor Sie sich dazu entschließen, der kleinen Maus auf ihrer Wanderschaft Einblick in Ihre Wohnung zu geben, zeichnen Sie ihr das Gesicht auf. Fixieren Sie das Ohrenpaar, und plazieren Sie das Kopfteil, die knallgelbe Hose und den linken Arm auf dem Körper. Der Stock, an dem das dreiteilige Bündel hängt, samt rechtem Arm werden von hinten ergänzt.

Wenn Sie einen Teil der Maus durch eine Fensterleiste verdecken wollen, schneiden Sie sie entlang der senkrecht gestrichelten Linie (siehe Vorlagenbogen) durch. Messen Sie die Breite der Leiste ab, und verkleinern Sie Ihre Bastelarbeit um dieses Maß.